# 인생 항로

## 인생 항로

2025년 9월 16일 초판 1쇄 인쇄 발행

| | |
|---|---|
| **지은이** | 우제봉 |
| **펴낸이** | 박종래 |
| **펴낸곳** | 도서출판 명성서림 |

| | |
|---|---|
| **등록번호** | 301-2014-013 |
| **주소** | 04625 서울시 중구 필동로 6 (2, 3층) |
| **대표전화** | 02)2277-2800 |
| **팩스** | 02)2277-8945 |
| **이메일** | msprint8944@naver.com |

**값** 12,000원
**ISBN** 979-11-7439-033-2

본 책의 구성 및 맞춤법, 띄어쓰기는 작가의 의도에 따랐습니다.
이 책의 저작권은 저자와 도서출판 명성서림에 있습니다. 무단 전재 및 복제를 금합니다.
이 책 내용의 일부 또는 전부를 재사용하려면 반드시 저자와 도서출판 명성서림의 동의를 얻어야 합니다.
파본은 구입처에서 바꾸어 드립니다.

# 인생 항로

우제봉 시집

도서출판 명성서림

## 책 머리에

푸른 꿈을 안고 찬란하게 살아온 마지막 한 잎새마저 붉게 물들어 어느 날 바람에 져 허망하게 땅 위에 뒹구는 낙엽의 신세처럼 강산이 아홉 번 변한 세월이 밟혀 자꾸만 뒤돌아본다.

자칭 시인이라면서 이제 겨우 다섯 번째 시집, 「인생 항로」를 마지막으로 내놓게 되어 시인이란 자부심과 긍지보다는 부끄럼이 앞선다.

그 긴긴 세월을 허송세월한 것이 이처럼 큰 회한으로 남을 줄이야 어찌하여 몰랐단 말인가?

문인이란 다독 다작이란 기본을 어찌하여 옆집 강아지 보듯 하였던가?

이제 다시 태어난다면 아무리 졸작일지라도 많은 작품을 남기어 독자들의 손에 들려주고 싶은 심정이란 넋두리가 절로 나오는 하나의 변명이라도 하고 싶다.

2025. 8. 5  청암 우제봉

# 1부 · 청산

| | |
|---|---|
| 청산 1 | 12 |
| 청산 2 | 14 |
| 청산 3 | 15 |
| 꽃에 대한 소고小考 | 16 |
| 코스모스 2 | 18 |
| 계절의 여왕 5월 1 | 19 |
| 계절의 여왕 5월 2 | 20 |
| 단풍 4 | 21 |
| 가을 단풍 4 | 22 |
| 가을 단풍 5 | 23 |
| 바다는 갈대 1 | 24 |
| 바다는 갈대 2 | 25 |
| 파도 소리 1 | 26 |
| 파도 소리 2 | 27 |
| 외기러기 1 | 28 |
| 외기러기 2 | 30 |
| 밥상 위로 걸어온 봄 | 31 |
| 혼자는 외로워 | 32 |

## 2부 · 독백

| | |
|---|---|
| 독백 2 | 36 |
| 독백 3 | 37 |
| 독백 4 | 38 |
| 꽃샘추위 | 39 |
| 김매기 2 | 40 |
| 어느 여름날 | 42 |
| 어느 가을날 1 | 43 |
| 어느 가을날 2 | 44 |
| 입춘 | 46 |
| 송구영신送舊迎新 | 47 |
| 동지 | 48 |
| 설날 | 50 |
| 일장춘몽一場春夢 | 55 |
| 길 | 56 |
| 행복 찾기 | 58 |
| 삶 3 | 60 |
| 삶 4 | 61 |
| 갖지 못한 자의 운명론 | 62 |

## 3부 · 인생 항로

| | |
|---|---|
| 핑계 1 | 64 |
| 핑계 2 | 66 |
| 핑계 3 | 67 |
| 인생 항로 1 | 69 |
| 인생 항로 2 | 70 |
| 인생 항로 3 | 72 |
| 시간 | 73 |
| 꿈 | 74 |
| 동행 | 75 |
| 임무수행任務隨行 | 76 |
| 촛불 2 | 78 |
| 노을 | 79 |
| 어느 고학생 이야기 | 80 |
| 폭우 | 83 |
| 봄의 전령사들 | 84 |
| 안개 | 86 |

## 4부 · 김장

| | |
|---|---|
| 김장 | 90 |
| 보고 싶은 설경雪景 1 | 91 |
| 보고 싶은 설경雪景 2 | 92 |
| 첫눈 2 | 94 |
| 폭설暴雪 | 96 |
| 눈꽃雪花 | 98 |
| 눈 오는 날 | 99 |
| 눈雪의 눈물 | 100 |
| 역주행 | 102 |
| 한때 | 104 |
| 소원 | 105 |
| 불청객 | 106 |
| 나의 벗 북두칠성 | 107 |
| 벼락치기 교훈 1 | 108 |
| 벼락치기 교훈 2 | 110 |
| 나의 벗 커피잔 | 111 |
| | |
| 평론『우제봉의 시세계』 | 114 |

# 1부

## 청산

# 청산 1

상수리, 도토리, 알밤...
다양한 메뉴로 푸짐한 잔칫상 차려놓은 청산
손님 맞이하기 바쁘구나

하늘을 나는 놈
땅위를 기는 토박이
지나가는 나그네 불청객도 환영한다
모두 무한 리필이다

힘대로 재주대로
하얗게 눈덮인 긴 겨울 식량까지
저장하는 놈에겐
큼직한 곳간 내어주고
희망을 주고
사랑을 나누는 자 누구에게나
특급 호텔 Vip실을 내어주는 청산

수많은 세월 켜켜이 머리에 이고
세월의 무게를 견디어내며

웃음을 주고
희망을 주고
행복을 안겨주는 청산

지나가는 바람도 붙잡아
나뭇가지에 걸터앉아 쉬어가게 하고
등산마니아들도 초청해서
넓은 가슴
그 미쁜 가슴 선뜻 내어주는 청산

## 청산 2

쪽빛 물감으로 물들인 온산
씽씽 푸른 청춘을 뽐내는
그 청춘
보기만 해도 가슴 미어지도록
설레이네

책상 앞에 앉아 창밖을 바라보면
언제나 변함없이 달려와
웃음으로 문안하는 청춘
어제도
오늘도
내일도
먼 먼 이승의 끈을 놓을 때까지
내 백발 위에 얹어 줄
푸른 청춘이여

## 청산 3

마음이 제자리를 떠나
까닭 없이 울적한 날
궁상맞게 고독의 늪에서
허우적대지 말라

한세상 펼쳐봐야
고작 찰나에 불과한 것을

저 푸른 산을 보라
누구 하나 정답게
눈길 주지 않아도
수억 년을 그 자리에서
만고풍상 다 이겨내며
의연하게 푸른 청춘
노래하지 않는가

### 꽃에 대한 소고小考

어디를 가든 활짝 웃어주는 꽃들
그 꽃들 속에 이름 모를 꽃들도 많지만
쟁쟁한 이름으로 사랑을 받는 꽃들도 많으리라

양귀비처럼 아름다움으로 사랑을 차지하고
코끝이 찡하는 감미로운 향기로
사람의 감성을 자극하여
저절로 시선을 잡아끄는
힘을 가진 꽃들도 많으리라

같은 꽃을 놓고도 개성과 취미에 따라
다를 수도 있지만
호박꽃도 꽃이냐 하는 말속에는
호박꽃은 꽃이란 대우를 받지 못한다는
이원적 의미도 포함하리라

탐스러운 얼굴을 갖고도
구곡간장九曲肝腸 녹이는 특유의 모습을
자랑하는 장미의 뜨거운 정열은
많은 사람의 사랑을 잡아끄는
힘이 얼마나 강한가

나는 라일락도 좋아한다
멀리서 바라보면
뭉클뭉클 주먹만큼씩 떼 지어
웃어주는 모습 아름답지만

바짝 다가가 자세히 관찰하면
잘디잘은 조잡한 꽃들이
서로서로 이마를 맞대고 무리 지어 있을 뿐
보랏빛으로 커버해서 아름다움을 자랑하리라

바람이 이리저리 불 적마다
그윽한 향기 풀풀 날리어
코끝이 찡하게 자극하는 것도
참으로 매력적인 인상으로
사랑을 받으리라

# 코스모스 2

길가에 줄지어 선 활엽수
쌩쌩 기세등등하던 푸름
훌훌 털어버리고 진 낙엽
땅 위에 뒹구는 서글픔
조롱이라도 하듯
이리저리 몰고 다니는
얄미운 스산한 바람
비웃는 코스모스
따로따로 놀자네

무대 위 여인의 춤사위처럼
곡선을 그리는 유연함으로
꺾길 듯 꺾길 듯
이리 눕고 저리 눕는
가녀린 몸짓으로 한들한들
낭랑 18세 처녀의 수줍은 미소인 양
청초한 그 미소
가을을 질펀하게 채우네

## 계절의 여왕 5월 1

파란 하늘이 눈부신 5월
가정의 달
교육의 달이란 이름표를 달기도 한
메이 퀸 May queen 모태
그리스의 여신 마이아 Maia 가
여성이기에 계절의 여왕이라 한다지만
5월은 분명 아름다운 달이 아닌가

여기저기 만발한 장미가
활짝 웃어주고
앞다투어 만개한 꽃들
경쟁하듯 자랑하는 자태
벌 나비를 불러모으는 향기
온 누리에 질펀하게 깔려
코끝이 찡하네
발자국 따라와 안기네

## 계절의 여왕 5월 2

초록빛이 출렁출렁
소용돌이치는 5월
그 어찌 만화방창萬化方暢 계절이 아니랴

가는 곳마다
뚝뚝 떨어지는 초록빛
날로 농익어 검푸르게
달려와 안기고

산에 들에 길가에
지천으로 깔린 꽃들
서로서로 손잡고 알살 부비며
천태만상 모습으로
사살사살 소리가
사르르 가슴을 녹이는 구나

# 단풍 4

엊그제까지
영영 푸를 것만 같이
쌩쌩 푸름을 자랑하더니
어느새 옷을 바꿔입었는가

잠시 무심한 사이
눈치 빠르게
노랑, 분홍, 빨강으로
몸치장하고
가을 한복판을 춤추는가

그래 이 가을이 가기 전
만인의 가슴이 터지는
설레임에 푹 빠지게
기왕 벌려놓은 그 고운 춤
한바탕 오달지게
오롯이 원을 풀거라

# 가을 단풍 4

여름날
푸르디푸른 옷 입고
세상 부러울 것 없이
씽씽 청춘을 노래하던 숲
영원할 줄 안 것은 계산 착오였나

이별이 올 줄이야
짐작조차 하지 못했으리라
붉은 옷 갈아입기 시작한 것이
엊그제였는데

가을이 깊어갈수록
이리도 빨리 쇠잔하여지는 몸
내면으로 내면으로 스며드는 고통
속으로 속으로 감내하며

이별의 손 놓지 않으려
목덜미 잡아 흔드는 싸늘한 바람과
힘겨루기 벅차리라

# 가을 단풍 5

때를 알고
계절을 아는 것
어찌 인간뿐이겠는가

계절이 오고 가는 것
미리 예견하고 감지하는 것
인간보다 동식물이
민감하게 알아차리더라

조석으로 옷깃을 여미게 하는
쌀쌀한 바람불기 시작하면
동식물이 먼저 옷부터 갈아입더라

기왕이면 다홍치마란 말 참이던가
울긋불긋 앞다투는가 싶더니
산이 온통 새빨갛게 활활 타는 단풍
도망치는 가을바람 붙잡고
한풀이 춤출 때
멋도 모르고 아름답다지만
돌아서서 서글픔 감추더라

# 바다는 갈대 1

끝이 보이지 않는 광활한 바다
변화무쌍한 본성本性
감추지 못하는 바다
얌전한 봄 처녀처럼 다소곳하다가
잔잔한 호수처럼 조용히 누워
햇살 속삭이면
찰랑찰랑 노래 부르다가

붉은 저녁놀 쏟아지면
어깨 들썩이며 살랑살랑 춤추다가
미친 태풍 달려들어 뺨 때리면
산 같은 파도 이리저리 몰고 다니며
성난 사자처럼 포효咆哮하는 노도怒濤

해와 달이 밀면 밀려와
바닷물이 철철 넘치는 만조를 이루고
끌면 저 멀리 맥없이 끌려가
물이 쏙 빠진 간조를 이루는 바다
잠시나마 제 의지를 찾아볼 수 없는 바다
바다여

# 바다는 갈대 2

바다여
곰살궂은 때가 있던가
오늘도 힘자랑이구나
공성이 난 몸짓으로
너울성 파도 들었다 놨다
몸 풀다가 식상이 나면
천연덕스럽게 파고波高를 낮추어
낮은 음계音階로
기러기야
갈매기야
너도 오고 너도 오고
모두 모두 오라고 불러모아
가슴 열어 주는구나

## 파도소리 1

잠시도 조용히 누워있을 줄
모르는 바다
수면에 톱니를 내면서
우르르 몰려왔다가
또 저 멀리 몰려가기를
거듭하면서 부르는 노래
발라드나 트로트면 좋으련만

깊은 밤 목메어 들려오는
그 노래
통곡인가
부음인가
왜 그리 외롭고 처량할까
아직도 잠들지 못한
바닷속 수많은 영혼들
한풀이인가

# 파도소리 2

오늘 밤은 유난히 밝은 달
바다 위에 앉아
너울너울 춤을 추는구나

소 팔러 가는데
강아지 꼬리치며 뒤따르듯
덩달아 신바람 난 바다
입을 다물 줄 모르네

언제나
젊은 청춘
푸른 희망의 보고
낭만의 보고
철석철석 쏴아
노래 부르네

# 외기러기 1

창공 높이 떠
저리도 힘겹게 홀로 어디를 가나
이미 일몰은 지고
붉게 타오르는 황혼조차
밀려오는 어둠에 쫓기니
마음이 몹시 급한 모양이다
참으로 안쓰럽다
가슴이 먹먹하게 짠하다

어쩌다 혼자일까
무리로부터 왕따 당했나
친구를 잃었는가
먹이에 욕심부리다
그만 욕심을 버려라
내일이 또 있지 않니

짝이 떠나자고 재촉하건만
귓등으로 흘리다가 의지와는 달리
홀로 떨어져 외로운 길 위에서
힘겨운 날갯짓을 하는지 모르지만

이제부터 쏟아지는 쓸쓸함이나
고독함을 감내하는 것도
팔자 소관이요
오롯이 너의 몫이 되어버렸구나

# 외기러기 2

어쩌다 혼자서 외톨이 되어
끝이 없는 창공을 방황하는가

가엾어라
요즘 세상은 정신 바짝 차려도
살 둥 말 둥 한 세상이란다

아차 하는 사이 미아가 되어
알 수 없는 미로를 헤매게 된단다

혼자서 나는 저 기러기
기진맥진 체력이 모두 소진되어
더 이상 비상할 수 없을 때

불시착하는 곳이
피곤한 몸 누이는
노숙처가 되겠지

## 밥상 위로 걸어온 봄

까슬까슬한 겨울
성질대로 연일
혹한을 퍼붓는 맹위 떨치면서도
한쪽 손으로는
하얀 이불 덮어주는 것 잊지 않아
수많은 가족들 이불속에서
긴긴 겨울 용케도 견디었으리

이불 걷는 날
산 넘고 바다 건너온 봄
소문 없이 다가와 미소 안겨주면
이불속 가족들 화들짝 기지개 켜
몸풀기 운동하고 몸통 불려
밥상 위로 걸어와
변신한 냉이 무침 향긋한 냉잇국
봄향기 푼푼한 행복도 풀어놓는다

## 혼자는 외로워

우주만물宇宙萬物
동종同種이든 타종他種이든
서로 얼기설기 어울려야
슬픈 일
통곡해야 할 일
아름다운 일
신비로움과 절묘한 일
손뼉 치며 감탄해야 할 일
어떤 도가니에 빠질 수 있으리라

어깨를 비비고
좌충우돌左衝右突 속에서
존재의 가치가 아름답고 빛이 나리라

홀아비는 이리 보고 저리 봐도
어딘지 모르게
외로워 보이고
쓸쓸해 추레해 보이더라

논둑이나 밭둑에 홀로 선 나무
아무리 아름다운 꽃으로 화장했어도
그 아름다움의 가치는
반쯤밖에 찾을 수 없으리라

산을 보라
강물이나 냇물 건너
어느 지점에 머물러 딴 산으로
동그마니 선 산
아무리 아름다워도 외롭더라

산이라면 어떤 산맥에 이어져
손잡고 마주 보는 산봉우리
얼마나 아름다운가
금강휴게소 뒤쪽
사시사철 흐르는 맑은 계곡 수 건너
월류봉 5형제 산봉우리
나란히 키 재기 하는 봉우리
참으로 절묘하더라

신비로운 그 아름다움
절로 감탄하게 하더라
아
5형제여 그 아름다움
영원하라

# 2부

독백

## 독백 2

무얼 안다고 그리도 자만했던가
무슨 힘이 있다고 그리도 당당했던가
무얼 가진 것이 있기에 그리도 뻣뻣했던가
옆을 볼 줄도 모르고
그저 외길 인생
앞만 보고 가는 가엾슨 인생길
돌아보면 아무것도 보이지 않는
하얀 외길이었구나

불의를 보면
적당히 눈감을 줄도
적당히 타협할 줄도
영절스러운 제스추어도
쓸 줄 모르면서
발을 헛디뎌 시궁창에
빠지지 말자
이 악물고
남이야 비웃든 말든
오롯이 올곧은 길만 걸어 온
인생길이었나

# 독백 3

사이 사이
어둠이 질펀하게 누워
잠든 깊은 밤
간간히 소리내어 울던 바람도
지쳤나보다
다만 적막이 산처럼 흐르는데
난데 없이 뚱딴지같이
나는 누구인가

나는 참으로 아내를 사랑하며
가족을 위하여
사회를 위하여
국가를 위하여
빈틈없이 철저한 플랜 Plan 하에
한세상 한점 부끄럼 없이
살아왔는가

모두가 하나같이 원하는
그 흔한 행복이란 것
얼마나 손에 쥐어 주었는가
가슴에 손을 얹어 본다

# 독백 4

오늘도 햇살은 변함없이
멈출줄 모르고
찬란한 빛 길게 드리우는데
어찌하여
망부석이 되었는가

하늘을 유유히 유랑하는 흰구름 속에서라도
길바닥에 흘린 사고思考의 편린片鱗
한 조각이라도 옹골지게 잡지 못하고
촛점없는 시선만 멀뚱멀뚱
앉아있는 꼴이 참으로 가년스럽구나

파닥거리는 송사리 떼처럼
좌충우돌하는 사고思考일지라도
영혼 깊숙이 잠자고 있는
사고思考의 끈 풀어
시 한편 건질 수 있다면

## 꽃샘추위

올해는 순리대로
제자리를 지키고
제 길을 잘 가고 오겠지

믿었던 것은 꿈일 뿐
놀부 근성을 버리지 못한 너
때아닌 눈보라 몰고 와
봄의 전령사들 목을 휘어잡아 흔드는가

아무리 독오른 칼 휘둘러도
모두 부질없는 헛발질일지니
너의 몽니가 극에 달할지라도
봄의 전령사들 어찌 초심 버리겠는가

앞서거니 뒤서거니 앞다투어
꽃으로 활짝 피워
웃음으로 희망의 봄
그리던 봄을 안고 살며시 오는구나

## 김매기 2

평온한 말초신경 흔들어
짜증스럽게 하는 잡초

제가 주인 인양
떡 안방 차지하고 기세 등등하다

언제부터 세력을 확장했는지
밥보다 고추장이 많은 꼴이 되었다

요놈들 씨를 말리겠다고
독하게 작심하고 호미를 들었다

이쪽 끝에서 작업 시작할 때
이삼일이면 끝낼 것이라 계산한 것은
헛다리를 짚은 꼴이었다

오금이 저려오고 허리가 끊어질 듯한 통증
살 한점 달라고 데모하는 모기떼의 돌격

이글거리는 태양
불덩이를 쏟아붓고

몸에 옷을 감는 땀 세례 위에
십여 일을 얹어 목적을 달성하고서야
환호의 즐거움을 누리려는 순간

뒤돌아보니 처음 작업을 시작한 곳은
이미 뾰죽뾰죽 머리 내민 잡초의 비웃음

가슴 덜컥 내려앉는 심정 알기나 할까
김매기란 가도가도 끝이 없는 전투일러라

## 어느 여름날

아침 이슬 위에
내려앉는 햇살
느린 듯 금세 달궈진 용광로
그 용광로가 쏟아붓는 불볕
대지를 온통 엿가락으로 늘이는구나

남쪽에서 불어오는 바람도
길게 누운 열대야 식히기는 역부족
힘자랑하던 불볕
이미 하루를 접고
시간이 꽤 지난 깊은 밤이지만
에어컨 없이는 감내하기 벅차구나

잠들지 못하고
끈적한 몸 뒤척이는데
밤하늘을 수놓은 초롱초롱한 별빛
이마를 맞대어 지상에서 놀고
무리지어 부르던 참새떼 합창
이어받은 뻐꾸기 소리는 밤을 누비고
무논 개구리들 목청 돋구어 열창하고
모기란 놈 피 한방울 달라고 윙윙거리네

# 어느 가을날 1

오늘 아침
유난히 끌끌한 심정으로
바닷물 퍼담은 듯 빛나는 하늘을 본다

찬란한 햇살
누렇게 고개 숙여가는 벼 이삭 위에 앉아
속삭이는가 싶더니
어느새 노닥이며 살며시 내 머리 위에 앉아
수다 떠네

된바람
된서리가 잽싸게 오기 전
농부가 활짝 미소짓는 몸짓으로
무드럭진 창고 문을 여닫는
꿈꾼다네

# 어느 가을날 2

봄과 가을
사촌이거나 말거나
상관할 바가 아니다

애당초 비슷한 것 같으면서도
서로가 너무 다르다
걸음걸이부터 다르다

봄은 처녀 걸음처럼
사뿐사뿐 아장아장 오지만
가을은 선머슴 걸음걸이처럼
덜컹덜컹 겅충겅충 온다

봄은 희망을 가져와
여기저기 넉넉히 뿌리고
살며시 미소짓는다
아름다움을 노래한다
화사한 꽃무리 머리 위에 앉아
아지랑이 어깨 잡고
나비처럼 춤을 춘다

가을은 결실을 가져와
담밑에 앉아 졸고
따사로운 햇살 오수를 즐기는 사이
온 산은 울긋불긋 비단옷으로
갈아 입기 바쁘고
들판 곡식 앞다투어 익어가네

# 입춘

자고 새면
숨바꼭질하듯
어느새 세월은 저만치 가서
뒤도 돌아보지 않는다
그냥 획획 가기만 하면 된다

오는 세월은 어떤 옷을 입고
언제
어디만큼 오는지
동동거리다 보면 벌써 봄이네
봄, 여름, 가을, 겨울
사계절이 어깨 잡고 흔들어야
아
여름이네 알 뿐

24절기야 있는지 없는지
강산이 수십 번 변하도록
까맣게 잊고 살았는데
대지 위에 포기마다 희망을 심는 봄
첫날 1월 6일 오늘
불현듯 눈앞에 입춘이 대롱거리네

## 송구영신送舊迎新

세월의 무상함을 느끼며
89회 송구영신送舊迎新을 맞으니
감회가 새롭구나

지난 1년 동안을 뒤돌아보니
시행착오도 많았고
모래성을 쌓은 계획도 있었으니
플랜Plan은 저 혼자서 독수공방이었고

손가락으로 하늘을 찌르는 우매함
잡은 꿩 놓아주고 나는 꿩 잡으려는
어리석음도 숨길 수 없는 사실이니
허탈한 웃음 어찌하랴

그래 모든 계획이 백프로 달성될 수
없는 것으로 위안을 가져보자

만사가 팔십 프로만 성공해도
실패한 것으로 치부할 수 없으니 말이다

# 동지

어찌 하오리
가슴을 찢는 한파
끝이 보이지 않네

문을 닫아야 하나
정녕 걷어치워야 한단 말인가

울고 싶어라
울고 싶어라
100날을 땅 치며 통곡한들
어찌 가슴이 후련해지겠는가

사방 여기저기에서
하늘이 무너지는
비통悲痛의 통곡 소리만 들리네

차라리 *IMF* 시절만도 못한 세상
한치 앞이 보이기는커녕

나라 꼴이
나라 꼴이
거꾸로만 고속으로 달리네

밤이 가장 길다는 동지
오늘은 유난히 몸을 뒤척이게 하네

작은 설이라 불리는 전통도
가물가물해지고
역귀疫鬼를 몰아낸다는 새알심 팥죽
어머니가 그리워지네

## 설날

무상無常한 것이
세월이라 했던가

불현듯 주마등走馬燈처럼
옛날 어릴 때 추억이
새록새록 눈에 밟히네

공을 차고 병정놀이하던
백두대간 줄기 나지막한 뒷동산
천렵하고
벌거벗고 텀벙텀벙 멱감던 동네 앞 달천

오늘날이야 살만한 세상
GDP 순위 세계 12위

농촌도
밥을 굶지 않을 정도는 되었지

내가 자랄 때 어린 시절
허리띠 졸라매고

한숨으로 보릿고개 넘어야 하던 시절

끼니때
가가호호家家戶戶 굴뚝에서
시꺼먼 연기가 솟구쳐
공장지대를 연상케 하고

이집 저집에서
닭 우는 소리
개 짖는 소리도
정감이 가는
빼놓을 수 없는 농촌 풍경
30여 호 우 씨禹氏만
옹기종기 모여 사는 못자리 동네
크게 출세한 사람이라곤 하나도 없이
고작 육군 중령, 경찰 경정
초, 중등학교 교장 몇 명뿐인 동네

설이 돌아오면
보름 전부터

여자들은 밤을 새워가며
가족들의 설빔 준비에
동분서주
동동거려야 했고

빨래 다듬는 방망이 소리
장단 맞추어
들리는 방망이 소리는
무대 위 연출처럼
어깨를 들썩이게 했고

설 전날
집집마다 풍기는 기름 냄새
동네를 덮어 군침을 삼키게 했지

생활전선으로
각각 흩어졌던 가족 모두 모여
밤새 웃음꽃이 담을 넘었고

날이 새어

드디어 손꼽아 기다리던 설날
정성껏 차린 음식으로 차례가 끝나면

할아버지 할머니
숙부님 숙모님
아버지 어머니께
복 많이 받으시라는
세배가 끝난 후

아이들도
어른들도 나이가 더 많은
아저씨 대부大父를 찾아
한 바퀴 돌며 세배하고

이 집에서 한잔
저 집에서 한잔
거하게 술대접받아
거리를 다니는 어른들은
모두가 하나같이
갈지자를 쓰며

길바닥을 쓸었다

새 옷을 입은 아이들
주체할 수 없는 신바람으로
동네 앞 무논 얼음판으로 모였다

앉은뱅이 스케이트에 앉아
아침에 뜬 해가 하루를 접는 줄도 모르던
그때 그 시절
얼굴들이 그리워지네

## 일장춘몽 一場春夢

숲속의 나무들
경쟁이라도 하듯
가을 햇살 받아 이고
붉은 새 옷 갈아입더니
오는 세월 가는 줄도
거니채지 못하고
몸 풀어 한바탕 춤추고 나니
재우치는 세월이
벌거벗긴 알몸으로
한세상 살라 하네

# 길

뭇 새떼의 이동 모습이야
산만하기 짝이 없다
언제라도 좌충우돌 교통사고 날 듯
아슬아슬하지만
수십 마리 기러기 떼의 이동 모습은
하나의 예술작품처럼
참으로 아름답고 신기하다

어떤 조련사의 조련을 받은 듯
매우 치밀하고 질서정연하다

앞장선 놈이 대장인지
훈련 시키는 지휘자인지 모르지만
앞장선 놈 중심으로 좌우 한 줄씩
가오리연처럼 형상을 갖추고
나는 모습은 넋을 빼놓는다

동서남북 사방에서
세찬 바람 몰아쳐도
한 마리 낙오자나

대열에서 한치라도 이탈하여
형상을 깨뜨리는 자가 없다

비행항로처럼 목적지까지
길을 설정하고 입력하였는가

귀소본능을 가진 연어처럼
어떤 본능을 발휘하는 것 같기도 하고
머리에 지피에스 기능을 장착한 것일까

## 행복 찾기

행복은 우리 삶 주위를 맴돌건만
손을 허우적허우적 멀리서 잡으려는
어리석음을 연출하는 것이
다반사가 아니었는지

행복을 찾는답시고
부富에서
돈더미 위에서 헤매는
어리석음을 범하지 아니했는지

행복이란
아무 노력 없이 가만히 앉아있어도
저절로 어디서 굴러오거나
붉은 홍시 떨어지듯
하늘에서 뚝 떨어지는 것도 아니라
노력한 만큼 보상해주는 것이 아니던가

나태懶怠한 생활습관
부정적 사고습관思考習慣만 키우면서
왜 나는 남들처럼 행복하지 않을까

애꿎은 하늘만 원망했다면
허위적거리는 그 늪에서
빨리 헤어나

밝은 생각
긍정적인 사고思考 관념을 심어
무럭무럭 키우면
자연적으로 평온함과 안락한 마음이 자라
행복이란 꽃이 활짝 피지 않을까

# 삶 3

어제도
오늘도
자고 새면 행운유수行雲流水처럼
만사가 술술 풀리면 좋으련만
산다는 것이 어디 그리 쉬우랴

살아간다는 것은 전쟁이다
시간과의 전쟁
환경과의 전쟁
나를 둘러싼 모든 것과
내면에 잠재한 나 자신에 대하여
잠시라도 태만하거나 소홀하면
야무지게 꿈꾸었던 꿈

궤도를 벗어나 일념통천一念通川 초심 잃어
일오재오一誤再誤 탑을 쌓고
일장춘몽一場春夢 영어囹圄에 갇히어
애매한 하늘만 바라보며
허희탄식歔欷歎息하리

## 삶 4

삶이란
공수래공수거空手來空手去가 아니던가
빈손으로 왔다가 빈손으로
땅으로 돌아가는
자연의 오묘한 질서 피할 수 없는 것이
한세상 삶이라네

뒤돌아보아 무얼 찾으려는가
가고 오는 수많은 세월 속에
고중작락苦中作樂 찾아
극한고열極寒苦熱도 마다하지 않고
질곡桎梏의 늪에서 생명줄 다잡고
눈 희번덕거리네

## 갖지 못한 자의 운명론

갖지 못한 자
힘없는 자가
가야 할 곳은 어딘가

부를 누린 자
권력을 거머쥔 자는
가슴 피고 앞이 훤한
탄탄 대로를 희희낙락
활보하건만

하늘이여
어찌하여
공평하지 아니하나이까

걸어야 할 길은
정녕 깜깜한 미로迷路일까
그것이 정녕 갖지 못한 자의 운명일까

# 3부

## 인생 항로

# 핑계 1

입술을 깨물며 하늘을 우러러
나 자신에게 한 약속들
왜 그리도 쉽게
사상누각처럼 허물어져
흔적조차 없이
어디로 사라졌단 말인가

빨랫줄에 빨래 널 듯
쉽게 내건 약속은 아니었는데
나 자신을 혹독하게 질책하여 보지만
그것도 이미 물 건너간 일이라
마음이 후련해지지 않는다

늘 그렇게 개미 쳇바퀴 돌 듯
반복되는 일상
그놈의 고질병

귀찮으니까
추우니까

더우니까
다음으로
내일로
만사를 미루는 고질병은
핑계일러라

# 핑계 2

A 씨를 이해하려 해도
도무지 이해가 되질 않는다
자신이 한 약속도 이행하지 않고는
건뜻하면 아이고 깜박 잊었네

약속 시각을 2~30분 지각이 예사고
아무렇지도 않게 차가 밀려서
차 사고 때문에 길이 막혀서
천연덕스레 변명한다

A 씨여
자네는 핑계의 달인이로세

# 핑계 3

사람은 일생을 살아가면서
뜻하지 않게
크고 작은 실수를 하면서 살아간다

운이 않좋은 날은 실수를 더 많이 하며 산다
그럴 때마다 원인은 뚝 떼어
뒷전에 두고 그 실수를 탓한다

길을 가다가 돌에 걸려서 넘어졌을 때
발 건 돌밖에 보이지 않는다
그 돌을 탓하고 원망만 한다
얼마나 우스운 일인가
빌어먹을 돌이 왜 여기에 있어
다시 걷어차기도 한다

자신이 좀 더 주의를 했더라면
돌에 걸렸을까
참으로 우스꽝스러운 일이
비일비재하다

깨지기 쉬운 물건을 둘이 운반하다
그 물건을 내려뜨려 깨졌을 때
얼마나 아깝고 아쉬웠으랴
그 아쉬운 마음을 쇠똥구리처럼
상대방으로 돌린다

그거 하나 못들고 깨치냐고
호통을 친다
애당초 둘이 든다는 것은
힘에 붙이는 일이었다
우리 인간은 애매한 핑계의 늪에서
살아가는 존재인가 보다

# 인생 항로 1

아등바등 죽기 살기로
노를 저어보지만
100세까지 가기란 하늘에 별 따기
목적지는 보이지 않는 미로

천하장사도 세월에 밀리는 인생
순풍에 돛단배처럼
순탄한 항해는 아득하기만 하고
파란만장 항로를 헤쳐야 하는
절박한 선장

이를 악물고 파착에 파착을 거듭하며
노를 저어보지만
앞에는 늘 파란곡절 항로

# 인생 항로 2

오늘도 망망대해
노도怒濤와 싸워야 하는
일엽편주一葉片舟 선장
풍전등화 같은 생명줄 다잡고
타울거려 보지만 항로는 저쪽
한치만 방임하면 항로는 저 멀리
보이지 않네

이리 갈까 저리 갈까 우왕좌왕
수렁은 점점 깊어져
공들여 쌓은 성은 시나브로 허물어져
흐르는 세월과 함께 흔적조차 사라지니
남은 것은 하늘이 무너지는 한숨뿐

어찌하오리
어찌하오리
에라 모르겠다
될 테면 되거라
그대로 주저앉아
낙화유수落花流水가 될 순 없잖나

다시 시작하는 거야
다시 시작하는 거야
밤하늘 수놓은 별을 따러 가자
닻 올리고 키를 단단히 잡을 거야

# 인생 항로 3

엄마 품에서 자랄 때
말을 배우고
걸음마를 배워
엄마 품을 떠날 때가 되면
민물에서 태어나
거친 파도가 넘실대는
망망대해를 생활 터전으로 삼고
자라는 연어처럼
산전수전에서 승자가 되어
꽃길을 걷다
고향을 찾는 연어의 길을 가야 하겠지

바다에서 자란 연어가
산란하기 위해서 고향을 찾아
필사적으로 물살을 거슬러 오르다가
여울목 폭포와 사투를 벌이는 것도 버겁지만
음흉한 사냥꾼도 따돌려야
어릴 때 유영遊泳하던 원천原川
고향에 이르듯
인생 또한 고향을 찾는 연어가 아닐까

# 시간

시간
시간은 늘 공간과 공간 사이
휘적휘적 잘도 오고 간다
오고 가는 길
그 누가 막을 자 있겠는가

시간
시간은 늘 혼자다
흐르는 물살이 동행하자고 매달려도
매몰차게 거부한다
혼자지만 외롭거나
쓸쓸하거나
고독하지도 않단다

시간
시간은 숙명적으로 혼자다
뒤돌아볼 필요도 없다
그 어떤 장애물이 독하게 잡고
매달려도 모두가 무용지물이다
그저 앞만 보고 달리는
불굴의 마라토너다

# 꿈

꽃길만 걷는 세상
얼마나 좋을까
꽃길이 아니라도 좋다
공포와 두려움이 없는 세상
그런 세상
마음 놓고 즐기며 살 수 있는 누리
얼마나 좋을까

생면부지 아무런 관계도 없는 사람으로부터
아무런 이유 없이 폭행당하고
칼 맞고 아까운 인생
생을 접어야 하는 날벼락이 없는 세상

그 어디에도
죄악의 씨가 발을 붙일 수 없는
낙원 같은 세상
그런 세상을 그리는 것은
정녕 꿈일까

## 동행

혼자라는 것
얼마나
외롭고
쓸쓸하고
고통스러울까

독불장군은
그 어디에서나
늘 고독하다

청산에 푸른 나무들
바람의 손잡고
노래하는 푸른 산처럼
너와 내가 손잡고

더불어 살아가는 곳에는
즐거움이 넘치고
웃음이 넘치고
행복이 철철 넘치네

## 임무수행任務隨行

군인이 군장軍裝을 갖추고
20여kg의 배낭을 짊어지고
오와 열을 맞춰
행군 훈련하듯
눈에 보이지 않을 정도
아주 작은 개미 군단

절대로 옆으로 이탈하거나
반대 방향으로 가는 놈 하나 없이
한 방향으로만 가는 개미 떼
도대체 어떤 놈이 지휘하는 장군이고
어떤 놈이 졸병인지
명령은 어느 놈이 하고
그 명령은 어떻게 알아듣고
이동 방향을 어떻게 감지하고
한 방향으로만 일사불란一絲不亂하게
행군하는 개미 떼의 긴 행렬

새로운 집터를 찾는 것일까
먹이를 찾는 것일까

전쟁을 하러 가는 것일까
아무것도 알 수 없지만
단 한 가지 알 수 있는 것
그것은 이 작은 미물들이
빈틈없는 체계가 확실한
게릴라 특수부대처럼
철저한 임무수행은 감탄이 절로 나온다

# 촛불 2

먹물이 뚝뚝 떨어지는 밤
적막이 바위로 흐르는 밤
하염없이 흐르는 눈물을 삼키며
누구를 위하여 육신을 태우는가

온몸을 태우는 그 뜨거운 고통
내면으로 내면으로 인내하며
흐느적이는 몸짓으로
불꽃 살려
길잃은 영혼들 흔들어
희망의 씨앗 심는
그 헌신이 빛나는구나

## 노을

붉게 물든 노을
잔잔한 해면에 앉아 바다와 함께
추는 춤 농익기도 전
야속하게도 일몰이 몰고 오는
어스름 어둠이 엉금엉금 기어와
자취 지워버리면
파도가 철석철석 까만 밤 노래 부를 뿐
끼룩끼룩 하늘을 날던 갈매기도
제집 찾아 잠이 들었는데
해변에 앉은 두 연인
밤이 깊어져 가는 줄도 모르고
무슨 추억의 만리장성 쌓는가
먼먼 훗날까지 누릴 행복의 탑 쌓는가
둘만이 나누는 밀어들
수많은 해변의 모래 알은 알리라

## 어느 고학생 이야기

뜻이 있는 곳에 길이 있는 것이
인간사가 아니던가
1950, 60년대 높고도 높은 보릿고개 문턱
그 문턱을 넘는다는 것은 험란한 길
너 나 할 것 없이
모두가 바짝 허리띠 졸라매야 했던 시절

들기름 불이나 석유등잔 불 아래서
공부하던 그때
K군은 서울에 있는 K야간대학에 입학했다
낮에는 학비를 벌기 위해서였다
하지만 학비를 번다는 것이
말처럼 그리 녹록할리 있겠는가

그 당시에는 알바란 것조차 없는 데다
취직이란 것은 하늘의 별 따기 보다 더 어려워
꿈도 못 꿀 일이라
K군은 궁리 끝에 고학생의 길로 접어들었다
행색은 거지꼴
몸에선 땀 냄새가 역겹고

하루의 고달픔이 매달린 몸은 바위

오늘도 일반 생활용품 몇가지
가방에 챙겨넣고 가가호호를 방문했다
하지만 천지에 널린 것이 고학생이던 시절
가짜 고학생도 태반이었다
어디를 가든 천덕꾸러기

개도 없는 집 대문에 개 조심
표어를 붙인 집이 하나 둘이 아니었다
그렇다고 미리 풀이 죽어 물러날 순 없잖나
얼굴에 철판 깔고

용기 백배 막무가내로 대문을 밀치고 들어가면
오늘 고학생이 몇 명째 왔다고
고래고래 당장 나가라고 외쳐댔다

그럴수록 더욱 강해져야 했다
뻔뻔스럽고 능청스러워져야 했다
필요없다고 하거나 말거나

문전박대하거나 말거나
찰거머리처럼 달라붙어 물건 이것저것
꺼내들고 너스레를 떨어 목적을 달성해야 했다
반면에 영원히 잊지 못할 추억 하나

종로 어느 집에 들어갔을 때
인자한 아주머니
잔치 음식 한 상 차려주고
나는 박복해서 아들 하나 있는 게
하라는 공부는 아예 담싸고
빈둥거리기만 해서 속이 터진단다

우리 아들이 학생 반만 닮았으면
오죽이나 좋을까
한탄과 함께 돈다발을 내밀며
부디 성공해서 훌륭한 사람이 되란다

훗날 그집을 찾았지만
재개발해서 도저히 찾을 수가 없는 것이
못내 아쉬웠다네

# 폭우

오늘도
비가 그칠 기미가 보이지 않는다
억수로 퍼붓는 비
그리도 무슨 한이 많던가
무심한 하늘이여
쏟아지는 원망과 한숨이
강을 이룹니다

여기저기 하천이 범람하고
하수구가 막혀
도로가 하천이 되어 흐르고
차들이 침수되고
집들이 물속에 잠겨
주민은 어디로 대피해야 합니까
하늘이여
어쩌란 말입니까
이 원망을 어찌 감당하렵니까

## 봄의 전령사들

거스를 수 없는 것이
자연의 이치이기에
세상에 영원함은 존재할 수 없는 법
쌩쌩 기승을 부리던 겨울 한파도 늙어
슬슬 뒷걸음치는 듯 싶으면
때를 놓지지 않으려 눈치만 보던
봄이 서서히 기지개를 켠다

목 빼어 연인 기다리듯
이제나저제나 미끄러지듯
소리 없이 폴짝폴짝 뛰어오는
봄은 늘 빈손으로 오지 않기에
두 팔 벌려 환영한다

언제나 봄은 어김없이 전령사들을 앞세우고 온다
아!
가슴이 설레이네
심연 깊숙이 아껴두었던 설레임이 고동치네
이토록 가슴을 흔드는 연인들 중
단연斷然히 잎을 피우기도 전

상설霜雪 세례쯤이야 두려우랴
그 오만한 상설霜雪 짓밟고 서서
꽃으로 사랑스럽게 웃어주는 매화, 목련, 개나리…
수많은 꽃들이 지킨 오상고절傲霜孤節
그리웠노라 연인들이여

# 안개

안개의 두 얼굴을 아는가
깊은 산골짜기
큰 땜이나 강물 위에 자리 잡은 안개
그 운치는 한 폭의 동양화 같아
여행객들의 가슴을 흔들어 놓으리

햇살이 따사로워지는 봄철 안개
파랗게 자라는 보리밭이 제집인 양 깔고 누워
한나절까지 따사로운 햇살을 차단하여
보리의 성장을 방해하는 것도 모자라
흰가루병, 노경, 붉은 곰팡이병...
많은 병을 몰고 와 수확을 감소시켜
농부들을 울리는 죽 안개란 봄 안개가 어찌 반가우랴

지표면과 대기의 기온 차가 심한 가을
세상 만난 안개 자주 내리어
익어가는 벼이삭 위에서 한바탕 춤추다가
슬그머니 자리를 뜨면 놓칠세라
따가운 햇살 붙잡은 벼이삭들
노랗게 영글어 수확이 많아지기에

농부들 얼굴에 미소짓게 하는
쌀안개라고도 한다는 가을 안개는 반가우리

한 치 앞을 내다볼 수 없는 짙은 안개
가시거리가 불과 수십 m로 길바닥에 길게 누워
네 이놈 속도를 줄이거라
네 이놈 만용을 버리거라
내가 저승사자니라 호통치건만
웃기네 네 이놈 감히 길을 막느냐
막무가내인 운전자가 가야 할 길은
어렵게 온 이승을 등지거나
병원 침대 신세를 져야 하겠지

# 4부

## 김장

## 김장

4개월이 넘는 긴긴 여름날
불볕으로 쏟아붓는 햇살
마다하지 않고
침묵으로 밀어를 속삭이며
농부의 지극정성 배신하지 않고
자란 배추

칼을 거부하리만치
돌덩이처럼 튼실하게 자란 배추

개나리꽃처럼 노란 속에
갖은양념으로 버무린
소를 넣는 손길이 바쁘다
웃음꽃이 집안에 가득하다
얼굴마다 행복이 넘치네

# 보고 싶은 설경雪景 1

탑사
마이산 남부 주차장에서
약 1.9km 떨어진 곳에 위치한 탑사
자연석으로 쌓아올린 약 80여개가
장관을 이룬 탑사
100년 전 이갑룡 처사가 구국 일념으로
기도하며 세웠다는 최대 높이 13.5m
정교하고 견고하게 세워져
강한 비바람에도 무너지지 않아
감탄이 절로 나온다는 탑사

대웅전 뒤에 우뚝 솟은 천지탑
어른 키의 3배에 달하는
웅장함과 신비로움이
겨울이 되면 동화 속 한 장면처럼
탑사와 어우러진 설경이
가슴을 설레이게 한다네

## 보고 싶은 설경雪景 2

세상에
아름다움을 싫어할 자 있던가
할아버지
그 아들
또 그 아들
모두가 아름다움
좋아하고
부러워하고
찬양하더라

눈 오는 날
하얀 은백으로
세상천지를 덮으면
그 아름다운 설경雪景에
저절로 입이 벌어지고
함성이 절로 나오지 않던가

백문百聞이 불여일견不如一見이라
지리산

한라산
설악산
대한민국 방방곡곡에 산재해 있는
환상적인 설경雪景을 찾아
어떤 악조건이 가로막더라도
기어이 몰려드는 인파
인간은 아름다움을 추구하는
동물일까

# 첫눈 2

2024년 11월 27일 첫눈이 내린다
때 아닌 첫눈
목화송이처럼 탐스런 하얀 눈송이
허공중에서 곡선을 그리며 춤추다가
유연한 몸짓으로 사뿐사뿐 지상에 쌓인다
그리워라
유년 시절 동심의 세계가 그리워진다

117년 만에 11월 최고 적설량
165cm가 쌓였다는 지리산
하얀 순백의 설경이 눈에 선하구나
자연이 선사한 최고의 은빛 세상

겨울철 지리산 백옥같이 하얀 설경
천왕봉 1915m를 중심으로
반야봉 1732m
노고단 1507m 등
웅장한 산세가 병풍처럼 펼쳐지고

칠선계곡
피아골
뱀사골과 같은 장엄한 계곡들을 품은 지리산

천왕봉에서 솟아나는 생명의 샘물
천왕샘과 산을 타고 흐르는 섬진강이 어우러져
생명의 산으로 불린다는 지리산

이 시기에 인기가 높다는
지리산 자연 휴양림 설경
보고 싶어 마음에 담아보네

## 폭설暴雪

눈이 오네
펄펄 눈이 오네
곡예사 같은 춤사위
화폭에 담긴 선녀를 흉내내는 춤사위
주체할 수 없는 낭만
동심에 빠져들게 하는
백옥같이 하얀 눈이 내리네

희미하게 꺼져가는 낭만
시들어가는 동심 흔들어
깨워준 선심 뒤에
117년간 날 세운
그 무서운 칼을 왜 숨겼는가

신명나게 추던 춤사위
나비처럼 날아 사뿐사뿐
지상에
지붕에
내려앉은 네가 악마로 돌변할 줄이야
축사를 잃고

주택을 잃고
시장을 잃고
가족을 잃고
하늘이 무너지는 통곡이 들리지 않는가

### 눈꽃雪化

백옥같이 하얀 눈송이
목화송이처럼 탐스런 눈송이
그 어떤 형용으로도
아름다움을 표현하기에는
역부족함이 한스럽구나

허공중이 좁은 듯
곡예사처럼 이리저리
자유자재로 마음껏
곡예비행 하다가
사뿐사뿐 내려앉는 모습
얼마나 아름다운가

나뭇가지 위에
탑을 쌓는 눈꽃
신의 손놀림이었나
정점을 창출한 아름다움
눈이 부시네

## 눈 오는 날

척하면 척
시상詩想이 연줄 풀리듯
술술 풀리면 얼마나 좋을까

시어詩語가 가을 밤알 쏟아지듯
그릇이 철철 넘치게
우수수 쏟아지면 좋으련만
자판을 붙들고 끙끙거린다

글자 몇 자 치다가
손이 얼어 붙었다
창밖을 본다
눈이 내린다
하얀 눈이 펑펑 내린다

비웃는 것일까
그대처럼 술술 시를 쓰라는 명령일까
안타까운 마음을 달래는 것일까
빨리 자판을 두드리라는 격려겠지

### 눈雪의 눈물

눈은 예술가다
도처에 아름다운 비경을 연출한다
그렇다고 자만하거나
자기도취에 취하지도 않는다

누구에게도 의존하거나
손을 내밀지도 않고
장소의 호불호好不好도 가리지 않는다

자신이 내려앉는 곳이
작품을 제작하는 자리요
지도자도 필요 없고
보조자도 필요 없다

묵묵히 입을 다물고
오직 예술가의 자격으로
작품을 창출한다

어렵사리 창출한 작품
오랫동안 아름다운 모습

보존되면 좋으련만

시샘하는 천적
누구든지 천적을 이길자 있던가
바람에 날려야 하고
햇볕에 눈물을 흘려야 한다

바람이 제자리에 놔두지 않고
햇볕은 집요하게 속까지 파고들어
눈물을 흘려야 하고
끝내는 형체조차 없이
물이 되어버리니 애석할 뿐이다

## 역주행

얼마나 무서운가
저승사자
말만 들어도 몸서리쳐지는
고속도로 역주행 사고

끔찍하다
이 세상 한번 밖에 못 오는 인생
눈 깜짝하는 찰나 허무하게
접을 수는 없지 않나

안전하기를 바란다는 것은
어둠 속에서 바늘에 실 꿰기처럼
기적이라고나 할까

계절의 역주행
감히 막을 자 있을까

햇살이 따사롭게 내리는 이른 봄
부지런한 동물
동면冬眠에서 깨어 기지개 켜고

꽃나무 잰걸음으로 화려한 꽃을 피우고
앙상한 나뭇가지 푸른 청춘으로
옷 입으려고 이미 눈떴지만
계절이 거꾸로 갈 줄이야

화사한 봄볕도 속수무책
영하 속에서 벌벌 떨며
며칠을 퍼부은 폭설로
지붕이 붕괴 된 주택도 있고
축사는 거의 모두가
와르르 주저앉아
소나 돼지, 닭이 압사되고
수박이나 채소를 심은 하우스는
엿가락처럼 휘어
흔적조차 없이 뭉개버린 역주행
이 아비규환阿鼻叫喚
어찌 감당하란 말인가

# 한때

닭이 새벽 마지막 홰를 친다
반가운 닭 울음소리
길게 누운 적막을 깬다

세상엔 알츠하이머(치매)환자도 많건만
그따위는 태양 앞에
감히 범접할 수 있겠는가
길을 잃지 않은 태양
입 다문 채 솟아
그림자로 점심때를 알린다

어찌 제 버릇 개 줄 수 있던가
미친 듯이 발광하기 시작한다
보이든 말든
지구상 모든 것 불덩이로 달군다

에라 한바탕 즐겨보자 작정한 듯
춤추다가 때가 되면
기진맥진 기력이 소진되어
축 늘어진 모습 감추지 못하고
뒤도 돌아보지 않고
미련 없이 어둠을 뿌리며 제 길을 가더라

## 소원

부처님께
시주하고
공양하고
참배하는 사람들
무엇을 위하여 지극정성일까

사찰 주변에서
작은 돌 주어다 탑을 쌓는 사람들
진지하고 간절한 표현
그 표정 속에
남편의 행시나 고시에 합격하기를
아들딸 대학 입시에 합격하기를

바램과 크고 작은 소원
가족의 건강과 행복
수억짜리 외제 고급 차가 굴러왔으면
수십억짜리 복권 당첨되기를
갖가지 소원들이 가슴을 뜨겁게
뿔끈 소용돌이치리라

## 불청객

살다 보면
쌍수로 환영받는
존재가 있는가 하면
다따가 나타나는 불청객

여름밤 짜증스러운 열대야 피해
안마당 평상에 누우면
서둘러 자리를 뜨도록
재우치는 불청객 너무 많더라

불빛이 좋아 허벌나게 날아들었지만
어찌 지옥 불일 줄이야

타고난 짧은 생애도
제대로 마치지 못하고
불빛의 덫에 걸려
생을 마감하는
가련한 불청객이여

## 나의 벗 북두칠성

별아
너와 벗으로 맺고
우정을 나누며 지내온 세월도
허리가 굽었구나

좌표를 잃고 방황할 때
그대는 초롱초롱한 눈빛으로 다가와
쓰러진 나를 다독여 일으켜주며
속삭였지
지나친 과욕은 과유불급過猶不及이라고

그대는 늘 물었지
내가 요만큼 왔는데
너는 얼마만큼 왔느냐
급변하는 세상에서
분에 넘치게 앞서갈 욕망 버리라고
떨어져서 미아도 되지 말 것이며
그저 순리에 순응하고 있느냐고

# 벼락치기 교훈 1

벼락치기
살아가면서
흔히 들어보는 말이 아니든가

주도면밀한 플랜Plan 하에
실천하고 행하는 일은
실패나 낭패 보는 일이 적지만

아무런 플랜Plan 없이
불현듯 번개처럼 떠오르는 생각
번갯불에 콩 구워먹듯 하고 나면
하자투성이 후회만 한 보따리 아니든가

학창시절
상위권 학생 몇 명을 제외하고
대개는 즐기고 노는데 미쳐
공부는 뒷전에 둔 줄도 모르다가
시험 기간이 발표되면
이미 발등에 떨어진 불
어찌 감당하겠는가

급한대로
중요하다고 생각되는 문제 수학 공식
밤새워 공부했지만
시험지를 받고 나면
딸딸 외운 것들이 모두 어디로 숨어버렸는지
눈앞이 캄캄
생각은 오리무중 이것인지 저것인지
가물가물하지 않던가

## 벼락치기 교훈 2

길이 아닌 곳은 가지 말아야 한다
빨리 간다고 빠른 길을 택하다 보면
적중할 때도 있지만
종종 낭패를 보는 경우가 있다

시간은 아무리 붙잡아 매도 간다
시간에 쫓길 때
빠른 길을 택하는 벼락치기
그 유혹을 어찌 뿌리치랴

지름길인 줄 알고 들어섰지만
헛다리가 다반사다
건설공사 현장에서
준공날짜는 코앞으로 닥쳐오고
공사 진행은 지지부진할 때
설계도를 무시하고 벼락치기로
공사를 마무리한다면 어떻게 될까

## 나의 벗 커피잔


오늘은 이유 없는 무료無聊함이
시나브로 무너져 산으로 쌓일 때
텅 비어가는 가슴 잡고
커피로 달래 보지만
아무것도 손에 잡히는 것이 없구나

커피잔이 비워지면 비워질수록
썰물 빠져나가듯
그 잘난 영혼 밑바닥에 고인
찌꺼기마저 모두 빠져나가 허전함만이
비워져 가는 커피잔을 채우는 구나

정신 가다듬고
창백해지는 가슴 추스르는데
점점 공허空虛해지는 허탈함
부질없이 홀짝홀짝 커피잔은 줄어들고

비워져 가는 커피잔 채워지는 것은
점점 무너지는 촉감
흘러가는 시간
감당키 어렵게 브레이크를 빠져나가
방황하는 영혼뿐일까

# 평론

## 우제봉의 시세계

## 길에 관한 영혼의 관조觀照
우제봉의 시세계

신익선 (문학 평론가)

### 1. 유년기의 회고

 시인은 시를 매체로 진실을 형상화하고 현실과 미래, 육체와 영혼의 심부를 드러내 보인다. 우제봉의 시편에 빈번하게 등장하는 영혼의 표출은 이에의 반증이다. 멀쩡하게 육신이 살아 있는데 시인은 시인의 시신과 영혼을 만나는 것이다. 영혼이 만난 현실에 대하여, "마음이 제자리를 떠나/까닭없이 울적한 날/궁상맞게 고독의 늪에서/허우적대지 말라//한세상 펼쳐봐야/고작 찰나에 불과한 것을"(「청산 3」 일부)이라면서 생을 찰나의 일이라 단정한다. 무려 '강산이 아홉 번 변한 세월"(「서문」 일부)이라며 시인은 망백望百에 이르러 미구에 마주할 죽음을 예견하는 것이다. 십 년을 한 주기로 하여 아홉 번을 지났으니, 햇수로 구십 세를 넘어가고 있다는 고백이다.

시인이 지상의 삶을 순간이라 여기는 것은 한순간을 살아간다는 시안詩眼 때문이다. 한순간 순간에 담긴 한 방울 눈물이 한 편의 시詩가 되는 까닭이다. 시는 눈물로 직조되기에 대개 시인의 생애는 고적하고 가난하다. 시에 미친 시인은 유달리 외로우며 남모르게 슬프다. 시인의 슬픈 명패는 그리하여 명부冥府의 다른 이름이다. 운명殞命하고 입문하는 명부, 곧 저승에 들기 이전부터 자신이 걸어온 생, 인생 여로를 되짚어 보면서 한없는 회한에 잠기는 일을 형상화한 시편이 이번 작품집이다. 우제봉의 이번 작품집은 그간 시인으로서 일평생 걸어온 길, 일생의 길을 되돌아보길 반복하는 시편들로 채워져 있다. 생을 되돌아보는 회한이기에 다섯 번째 시집인 『인생 항로』 전편에서 시인이 일평생 살아온 이력에 대한 세밀한 풍경화가 어렸을 적 이야기인 「설날」부터 오밀조밀하게 시작된다.

    무상無常한 것이
    세월이라 했던가

    불현듯 주마등走馬燈처럼
    옛날 어릴 때 추억이

새록새록 눈에 밟히네

공을 차고 병정놀이하던
백두대간 줄기 나지막한 뒷동산
천렵하고
벌거벗고 텀벙텀벙 멱감던 동네 앞 달천

········생략········

새 옷을 입은 아이들
주체할 수 없는 신바람으로
동네 앞 무논 얼음판으로 모였다

앉은뱅이 스케이트에 앉아
아침에 뜬 해가 하루를 접는 줄도 모르던
그때 그 시절
얼굴들이 그리워지네

- 「설날」 일부

  아주 어렸을 적, 꼬맹이 시절의 설날 풍경을 묘사한 시편이다. 어려서 하는 일이란 '공을 차고 병정놀이하던/백두대간 줄기 나지막한 뒷동산/천렵하고/벌거벗고 텀벙텀벙 멱감던 동네 앞 달천'등이다. 바깥에서 '공 차는 일, 병정놀이, 냇가에서 하던 천렵, 한 여름철이면 하루도 빼놓지 않고 하던 멱감기, 화자는 동구 앞을 흐르는 냇가인 '달천'을 지명으로 쓰면서 유년 시절을 회고하기 시작한다. 우禹 씨 못자리판인 대술면 소재지, 마을에서 나고 자라나는 환경이 기술되어 있다. 설날이면 나이 든 대부를 찾아가 세배드리고 과세 술을 대접받아 먹고는 얼큰하게 취하여 쓰러진 어른들을 보면서 아이들은 '새 옷을 입은 아이들/주체할 수 없는 신바람으로/동네 앞 무논 얼음판으로' 모이곤 하였다.

설빔은 '새 옷을 입은 아이들/주체할 수 없는 신바람으로'의 '새 옷'이다. 부모님들은 아이들에게 새 옷을 마련해 주셨다. 아이들은 새 옷에 신났다. 설날 무논 얼음판은 아이들 천지, '아침에 뜬 해가 하루를 접는 줄도 모르던/그때 그 시절/얼굴들이 그리워지네.' 이른 아침부터 해 질 때까지 '앉은뱅이 스케이트에 앉아' 스케이트 타는 일에 몰입하곤 하였다. 다른 놀이가 없었다. 다른 일이 없이 동네 아이들끼리 모여서 스케이트 타고 연날리기하며 겨울을 보내곤 하던 시절이었으나 공연히 신났고 공연히 흥미진진하던 유년이었다.

## 2. 청년기의 회고

그 유년기를 지나쳐 청년기에 이르렀다. 청년기는 피 끓어오르는 열망이 섞인 방황과 모색의 계절이다. 우제봉은 다음의 시편에서 사회에 적응하기 위하여 배움을 찾아 분망한 고학생의 이야기를 쓰고 있다.

들기름 불이나 석유 등잔불 아래서
공부하던 그때

......(생략)......

오늘도 일반 생활용품 몇가지
가방에 챙겨넣고 가가호호를 방문했다
하지만 천지에 널린 것이 고학생이던 시절
가짜 고학생도 태반이었다
어디를 가든 천덕꾸러기

개도 없는 집 대문에 개 조심
표어를 붙인 집이 하나 둘이 아니었다
그렇다고 미리 풀이 죽어 물러날 순 없잖나
얼굴에 철판 깔고

용기 백배 막무가내로 대문을 밀치고 들어가면

오늘 고학생이 몇 명째 왔다고
고래고래 당장 나가라고 외쳐댔다

그럴수록 더욱 강해져야 했다
뻔뻔스럽고 능청스러워져야 했다
필요없다고 하거나 말거나
문전박대하거나 말거나
찰거머리처럼 달라붙어 물건 이것저것
꺼내들고 너스레를 떨어 목적을 달성해야 했다
반면에 영원히 잊지 못할 추억 하나

종로 어느 집에 들어갔을 때
인자한 아주머니
잔치 음식 한 상 차려주고
나는 박복해서 아들 하나 있는 게
하라는 공부는 아예 담싸고
빈둥거리기만 해서 속이 터진단다

우리 아들이 학생 반만 닮았으면
오죽이나 좋을까
한탄과 함께 돈다발을 내밀며
부디 성공해서 훌륭한 사람이 되란다

훗날 그집을 찾았지만

재개발해서 도저히 찾을 수가 없는 것이
　　못내 아쉬웠다네

　　　　　－「어느 고학생 이야기」 일부

위 시편은 장시長詩다. 장시이면서 사실적인 묘사가 이어진다. 하기의 「노을」 시편처럼 회고담이기 때문이다. 한국동란 전후의 한국경제는 초근목피의 시절이었다. 사람들은 '들기름 불이나 석유 등잔불 아래서' 길쌈이나 바느질하고 학생들은 책을 읽었다. 그나마도 궁핍하여 불 심지를 낮추거나 초저녁 일찍 불 끄기 일쑤였다. 위 시편에 나와 있지만 '어느 고학생'을 빗대어 우제봉 자신의 고학생 시절 회고담이다. 낮엔 일하여 학비를 벌고 밤에는 대학에 가서 공부하여 학점을 따던 시절을 쓴 시편이다. 힘겹고 힘겨웠으나 시적 화자는 힘겨움을 이겨내고 마침내 K대학을 졸업하여 어엿한 인텔리로 사회에 나온다.

　그 과정을 회상하면서 잊지 못할 추억을 시편에 쓴다. '반면에 영원히 잊지 못할 추억 하나//종로 어느 집에 들어갔을 때/인자한 아주머니/잔치 음식 한 상 차려주고/나는 박복해서 아들 하나 있는 게/하라는 공부는 아예 담쌓고/빈둥거리기만 해서 속이 터진단다' 구절이다. 시골 출신의 고학생은 훗날 장성하여 감사함을 잊지 못하였다. 기억을 더듬어 그때 그 장소로 그 집을 찾았건만 재개발로 인하여 집이 사라져 찾지를 못한 아쉬움 또한 시편에 기록한다. 무려 칠십여 년 전의 일들이지만 당사자에게는 엊그제처럼 생생한 추억담이다. 여기서 등장하는 고학생은 바로 우제봉 자신이다. 마지막 시집을 엮으면서 아마득한 청소년기 고학생으로 겪은 그 옛날의 고마움을 시편으로나마 남겨 감사를 표하는 우제봉의 인간적인 따스한 면모와 애틋함을 공감하기 충분하다.

유년 시절 서사인「설날」과 청소년기를 그린「어느 고학생」을 거쳐 청년에 이르러 표출된 시편과 더불어 아련한 그 옛날의 추억을 불러오는 시편이 또한「노을」이다.「노을」은 시詩가 상상에 의한 언어의 건축물이면서도 시인의 체험이라는 사실에 바탕을 둔다는 실례를 엿 볼 수 있는 작품이기도 하다.

  붉게 물든 노을
  잔잔한 해면에 앉아 바다와 함께
  추는 춤 농익기도 전
  야속하게도 일몰이 몰고 오는
  어스름 어둠이 엉금엉금 기어와
  자취 지워버리면
  파도가 철석철석 까만 밤 노래 부를 뿐
  끼룩끼룩 하늘을 날던 갈매기도

제집 찾아 잠이 들었는데
해변에 앉은 두 연인
밤이 깊어져 가는 줄도 모르고
무슨 추억의 만리장성 쌓는가
먼먼 훗날까지 누릴 행복의 탑 쌓는가
둘만이 나누는 밀어들
수많은 해변의 모래알은 알리라

- 「노을」 전문

  철모르는 소꿉장난 시절, 유년의 소년과 소녀가 성장하여 청년에 닿는다. 청년은 열정의 시기다. 청년들의 일 순위는 맨 먼저 연인을 찾는 일이다. 연인이 생기면 연인과 둘이 어느 해변에 도착한다. 연인에게 있어 해변의 여름밤은 짧다. 해변에서 그런 청춘남녀인 연인들이 '노을'을 염두에 둘 리는 없다. 그러나 이 시편의 제목을 '노을'이라 하였다. 이 시편은 노년의 회고담이기 때문이다. 현재진행형으로 기술되는 '끼룩끼룩 하늘을 날던 갈매기도/제집 찾아 잠이 들었는데/해변에 앉은 두 연인/밤이 깊어져 가는 줄도 모르고/무슨 추억의 만리장성 쌓는'일들 역시 모두 과거의 일들이다.
  밤이 깊어도 연인은 해변을 떠나지 않았다고 한다. 싱그러운 청춘이다. 청춘은 으레 할 이야기가 쌓여 있다.

'무슨 추억의 만리장성 쌓는가/먼먼 훗날까지 누릴 행복의 탑 쌓는가' 첫 연인에 나와 있는 대로 연인에게 있어 해변의 일은 이벤트다. 두 사람 뇌리에 영원히 기억되는 대사건이다. 해변에서 나눈 '추억의 만리장성' 서사는 뇌리에 소장된다. 이 사연들을 알고 있는 개체가 있다. '모래알', 그를 나타내는 시구가 종연의 '모래알'이다. '둘만이 나누는 밀어들/수많은 해변의 모래알은 알리라.' 해변의 모래알은 그러니까 말귀를 듣는다. 듣고 기억한다. 이렇듯 위 시편은 '노을'에 그려보는 우제봉 시인의 청춘 시절 모습이 고스란히 담겨 있다.

### 3. 장년, 노년기의 회고

「노을」이 청년의 삶을 시작하는 순간을 기술한 과거의 회고담이었다면 다음의 시편들은 한국의 사계절을 빗대어 장년기와 노년기를 형상화한 우제봉의 근작 작품들이다.

> 이불 걷는 날
> 산 넘고 바다 건너온 봄
> 소문 없이 다가와 미소 안겨주면
> 이불속 가족들 화들짝 기지개 켜
> 몸풀기 운동하고 몸통 불려

밥상 위로 걸어와
변신한 냉이 무침 향긋한 냉잇국
봄향기 푼푼한 행복도 풀어놓는다

- 「밥상 위로 걸어온 봄」 일부


남쪽에서 불어오는 바람도
길게 누운 열대야 식히기는 역부족
힘자랑하던 불볕
이미 하루를 접고
시간이 꽤 지난 깊은 밤이지만
에어컨 없이는 감내하기 벅차는구나

잠들지 못하고
끈적한 몸 뒤척이는데
밤하늘을 수놓은 초롱초롱한 별빛
이마를 맞대어 지상에서 놀고
무리지어 부르던 참새떼 합창
이어받은 뻐꾸기 소리는 밤을 누비고
무논 개구리들 목청 돋구어 열창하고
모기란 놈 피 한방울 달라고 윙윙거리네

- 「어느 여름날」 일부

봄은 처녀 걸음처럼
사뿐사뿐 아장아장 오지만
가을은 선머슴 걸음걸이처럼
덜컹덜컹 겅충겅충 온다

.......생략.......

가을은 결실을 가져와
담밑에 앉아 졸고
따사로운 햇살 오수를 즐기는 사이
온 산은 울긋불긋 비단옷으로
갈아 입기 바쁘고
들판 곡식 앞다투어 익어가네

- 「어느 가을날 2」 일부


척하면 척
시상詩想이 연줄 풀리듯
술술 풀리면 얼마나 좋을까

시어詩語가 가을 밤알 쏟아지듯
그릇이 철철 넘치게

우수수 쏟아지면 좋으련만
자판을 붙들고 끙끙거린다

글자 몇 자 치다가
손이 얼어붙었다
창밖을 본다
눈이 내린다
하얀 눈이 펑펑 내린다

비웃는 것일까
그대처럼 술술 시를 쓰라는 명령일까
안타까운 마음을 달래는 것일까
빨리 자판을 두드리라는 격려겠지

-「눈 오는 날」 전문

사계四界가 명료한 우리나라 계절을 읊은 시구들이다. 우제봉의 봄은 '이불을 걷는 날'이다. '이불' 걷는 날부터 봄이 시작된다. 시구를 보자. '이불 걷는 날/산 넘고 바다 건너온 봄/소문 없이 다가와 미소 안겨주면/이불속 가족들 화들짝 기지개 켜' 자리에서 일어난다. '이불'을 걷고 켜는 '기지개'는 무언가 새로운 일을 시작하려는 몸짓이다. 산 넘고 바다 건너서 소문도 없이 모르게 찾아온 봄은 '몸풀기 운동하고 몸통 불려' 새로운 활력과 새로운 충전이 몸 안으로 흘러들어오기 시작하는 계절이다.

봄철이면 밥상에 올라오는 봄나물, 그중에서도 냉이를 '봄의 변신'이라고 한다. '나의 모든 것을 바칩니다.'라는 꽃말처럼 춥디추운 겨울을 이겨내고 식탁에 오른 냉이는 모든 것을 바쳐 봄을 알리는 전령이다. 우제봉은 냉이에 주목하여, '밥상 위로 걸어와/변신한 냉이 무침 향긋한 냉잇국/봄 향기 푼푼한 행복도 풀어놓는' 다면서 새로운 봄을 알리는 '냉이'의 봄을 노래한다. 청년처럼 봄을 반기는 표정으로 연륜에 상관 없이 무언가 피를 뜨겁게 하는 기대와 흥분이 '냉이'에 들어 있음을 썼다.

냉이를 시발로 온 산야에 꽃들로 만발하고 신록이 녹음을 진하게 뱉어낼 즈음이다. 여름이 온다. 초여름이 왔는가 싶다가 이내 '남쪽에서 불어오는 바람도/길게 누운 열대야 식히기는 역부족/힘자랑하던 불볕' 더위의 칠팔월에 닿는다. 무더운 여름은 한낮은 물론이고 해가 진 뒤에도 무더위가 가시지 않는다. '이미 하루를 접고/시간이 꽤 지난 깊은 밤이지만/에어컨 없이는 감내하기 벅차' 에어컨을 끌 줄 모른다고 한다. 하도 더워서 쉬이 잠들지 못하고 뒤척이는 여름밤, '밤하늘을 수놓은 초롱초롱한 별빛/이마를 맞대어 지상에서 놀고/무리지어 부르던 참새떼 합창/이어받은 뻐꾸기 소리는 밤을 누비고/무논 개구리들 목청 돋우어 열창'에 뒤섞여 '모기'조차도

윙윙거리며 여름밤을 밝힌다.

　봄, 여름이 모르게 왔다가 모르게 가고 나면 그 자리에 결실의 계절, 가을이 찾아온다. '가을은 결실을 가져와/ 담 밑에 앉아 졸고 /따사로운 햇살 오수를 즐기는 사이/ 온 산은 울긋불긋 비단옷' 등의 풍경은 불볕더위가 물러가고 '햇살'조차 오수午睡를 즐기는 시간으로 변해버리고 만다. '울긋불긋 비단옷'은 단풍의 은유다. 한 해를 살아온 갈 단풍은 그 자체로 숭고미를 지닌다. 신록의 새봄 잎새도 사람처럼 어느새 봄과 여름을 살아와 머잖아 낙엽으로 뒹굴 즈음에 와 있는 것이다. 온산에 단풍들 듯이 사람들이 살아가는 모양새 그대로 가을 들판에는 농부들이 피땀 흘려 가꾼 '들판 곡식 앞다투어 익어' 간다. 곡식이 익어가는 표현은 풍요와 평화를 상징한다. 익은 곡식은 창고에 쌓이고 사람들의 배를 채울 것이다. 때를 맞추어 봄에 씨뿌리고 여름에 가꾸어 가을에 수확한다. 생의 고단함은 결실의 계절인 가을이 있어 평온하다. 가을이 오고 나면 도둑처럼 갑자기 겨울이 온다. 망백에 이르러 곱씹어 회상하는 '겨울'의 이미지를 풀어 쓴 「눈 오는 날」 시편은 눈 오는 날, 겨울의 풍경화이면서 내용으론 시 쓰기에 대한 회한이 주요 모티브다.

　농부는 나락을 거둬들이는 가을 걷이를 하지만, 시인의 가을 걷이는 시詩가 알곡이다. 일년내내 시를 쓰고 쓴 시를 살펴보며 평가하는 일이다. '척하면 척/시상詩想이

연줄 풀리듯/술술 풀리면 얼마나 좋을까'처럼 시 쓰는 일에 대한 궁구窮究다. 높이 나는 연鳶을 따라 굴레에 감긴 연줄이 풀리듯 시상이 풀리길 고대하면서 겨울을 맞는다. 시인의 겨울도 특별한 건 없다. 봄, 여름, 가을처럼 겨울에도 시인은 시를 쓰는 일을 한다. 그러나 시작詩作한다 하여 시가 호락호락하게 몸을 열지 않는다. 눈 내리는 한 겨울에 시 쓰기도 어려운 일이다. '자판을 붙들고 끙끙거린다//글자 몇 자 치다가/손이 얼어붙었다/창밖을 본다/눈이 내린다/하얀 눈이 펑펑 내린다' 누가 시를 쓰라고 강제하는 건 아니지만, 우제봉 시인은 추운 겨울날, '손이 얼어붙어도' 시 쓰기를 멈추지 않는다.

　꽃 피는 봄에 시를 쓰고, 연이어 여름, 가을도 그렇지만, 어째서 시인의 뇌리는 시로 채워져 그 시를 표현하려고 고뇌하며 사계를 살아가는 것일까. 봄, 여름, 가을을 보내고, 새로이 겨울에 들어서서도 흰 눈 내리는 풍경을 보면서 또 시를 쓰는 것일까. 시인은 되뇌이길 반복한다. 그리고 알고 있다. 시로 자기의 시간을 만들려는 의지다. 시인은 시로써 자기의 시간을 만들어야 한다. 시인은 자기의 시간을 만들어야 한다. 시인은 시간을 만들어야 한다. 시인은 시로써 자기의 시간을 만들 때만이 시인으로 산다. 시인은 시 속에서 우주로 돌아간다. 오욕의 세속, 오욕의 시간, 오욕의 나라에 묻혀 살지만, 이 땅의 진짜 시인은 세속을 떠나 산다. 이것이 우제봉이 겨울에 이르러서도 시를 쓰며 괴로워하고 고뇌하길 반복하는 연유다. 시인은 평생을 시간과 사투를 벌인다.

## 4. 삶과 시에의 회고

시인은 일순의 찰나를 우화羽化하여 무상無上의 영원을 창조하는 내부의 불길을 안고 있다. 시인의 내부는 뜨겁고 뜨겁다. 그래서 구순에 닿은 우제봉의 시는 눈이 오는 겨울에도 멈추질 않는 것이다. 내심 늘 시의 불길이 불타오른다. 내심 늘 거친 광야와 황망한 사막의 모래를 달구길 멈추지 않는다. 위 몇 편의 근작 시 작품에서 드러나듯 우제봉의 시력은 봄, 여름, 가을, 겨울의 사계를 지나쳐, 하기의 시편에서 볼 수 있듯이 이 땅의 시인으로서 살아온 일평생을 조망하면서 생애의 핵심 주제를 '인생 항로'에 고정시킨다. 「인생 항로」 시편들은 인생과 문학에 대한 노시인의 깊은 사유를 보여주는 시편들이다.

아등바등 죽기 살기로
노를 저어보지만
백 세까지 가기란 하늘의 별 따기
목적지는 보이지 않는 미로

천하장사도 세월에 밀리는 인생
순풍에 돛단배처럼
순탄한 항해는 아득하기만 하고
파란만장 항로를 헤쳐야 하는

절박한 선장

이를 악물고 파착에 파착을 거듭하며
노를 저어보지만
앞에는 늘 파란곡절 항로

　　　　　-「인생 항로1」전문


이리 갈까 저리 갈까 우왕좌왕
수렁은 점점 깊어져
공들여 쌓은 성은 시나브로 허물어져
흐르는 세월과 함께 흔적조차 사라지니
남은 것은 하늘이 무너지는 한숨뿐

......생략......

다시 시작하는 거야

다시 시작하는 거야
밤하늘 수놓은 별을 따러 가자
닻 올리고 키를 단단히 잡을 거야

- 「인생 항로2」 일부


바다에서 자란 연어가
산란하기 위해서 고향을 찾아
필사적으로 물살을 거슬러 오르다가
여울목 폭포와 사투를 벌이는 것도 버겁지만
음흉한 사냥꾼도 따돌려야
어릴 때 유영遊泳하던 원천原川
고향에 이르듯
인생 또한 고향을 찾는 연어가 아닐까

- 「인생 항로3」 일부


'인생 항로'는 두 번 다시 살 항로가 아니다. 한 번으로 벅차다. 특히나 여리디여린 심성을 가진 시인의 인생 항로는 그야말로 '파란만장', 그것이다. 그래서 시인은, '아등바등 죽기 살기로 노를 저어보지만/...생략..../순탄한 항해는 아득하기만 하고/파란만장 항로를 헤쳐야 하는/

'절박한 선장'이라 표현한다. '아등바등' 죽기 살기로 살지 않으면 도태되는 시간 속에서 이 땅의 어리바리한 시인들이 차지할 영토는 없다. '절박한 선장'이다. 만일 시인이 박수받고 요란하며 휘황찬란하다면 그건 백에 백, 가짜다. 단언컨대, 시인에게 '순탄한 항해'는 없다. 외진 구석에서 쓸쓸히 '시'라는 천형의 무병巫病을 앓으면서 혼자서 시를 쓰다가 고독하게 죽어가는 게 시인의 숙명이다. 따라서 시인은 여기저기 쏘 다니지 않는다. 무리로 뭉쳐 클럽을 만들지 않는다. 어디다 시인이라고 써먹지 못해 환장병 걸리지 않는다. 어디에 제 명패 걸어놓고 희희낙락하면서 동료 문인들에게 광고하지 않는다. 살아생전에 자기 시비를 만들지 않는다. 살아생전에 자기 문학관을 만들어 놓고 시인 자신을 우상화하지 않는다. 문학관 세워 예산 따먹기에 골몰하지 않는다. '절박한 선장'은 그러지 않는다.

시 쓰기에 '절박한 선장' 심사에 비추어 이것들은 다 가짜다. 회고하면, 이 땅의 선진 문인들, 일테면 한용운, 백석, 이육사, 윤동주, 이상, 김동리, 이문구 등등 시인 소설가 군들은 살아생전에 자기 시비나 문학관을 세우지 않았다. 이들은 단 한 번이라도 문학상을 받으려고 몸 굽혀 아부와 굴종의 행태를 보이지 않았다. 오욕이 훤히 보이는 되먹지 못한 문학상을 이력에 남발하면서 스스로 콤플렉스를 달래지 않았다. 그런 일들이 아니라도 보라,

'이를 악물고 파착에 파착을 거듭하며/노를 저어보지만/ 앞에는 늘 파란곡절 항로.'에서 살아가느라 거의 실신 지경에 다다른 명사가 바로 시인이라는 파착이다. 세상 살아가느라 괴롭고 시 쓰느라 더 괴로운 게 시인이다. '파착에 파착을 거듭하는' 삶은 슬프다. 우여곡절이 '인생 항로'를 덮는다. 그러면서도 자고自高에 빠져 우쭐대지 않는 우제봉의 시 쓰기와 삶의 여정이 드러나는「인생 항로1」에서 우제봉의 자괴를 읽을 수 있다.

더구나「인생 항로2」에서는 깊은 탄식에서 벗어나 다시 새로이, 새 각오의 다짐을 다잡는 노시인의 심사를 접할 수 있다. 시인의 최대 관심사는 시, 그 자체다. 여기서, '이리 갈까 저리 갈까 우왕좌왕/수렁은 점점 깊어져/공들여 쌓은 성은 시나브로 허물어져' 라는 시구는 순전히 '시'에 관련된 '시'의 기술이다. 구순이 이르렀는데, 어떻게 살아갈 방법, 살아갈 길로 인하여 방황하는 게 아닌 시의 방황을 표식한다. 마음먹은 대로 시가 써지지 않음에 대한 갈증의 표현이다.

시어의 은유, 상징성을 거론할 까닭 없다. 평생 '공들여 쌓은 성이 시나브로 허물어져'가는 것을 목격하는 일은 처참하다. 시에 대한 뼈 아픈 통찰이다. 시인은 쓰고자 하는 시가 안 써 질 때, 시인은 벽을 느낀다. 절망이다. 통상 일군의 시인은 무턱대고 일단 '시'라면서 시를 쓰는 것에 족하다 치부한다. 무모하게도 시의 문학성을 도외

시한다. 그 반대로 우제봉의 '시'는 '한숨'으로 귀결짓는다. 그것도 앞이 캄캄하여 아무것도 안 보인다는 의미로 쓰는, '하늘이 무너지는' 듯한 '한숨'이다. 시인의 절망이다. 절망에 비례하여 시인은 문학성을 드높여 건축하는 새로운 시의 정립을 꿈꾼다.

우제봉이 염원하는 새로운 시의 정립, 새로운 시 세계의 건설, 새로운 시 나라의 창설은 그러므로 '다시 시작하는 거야/다시 시작하는 거야/밤하늘 수놓은 별을 따러 가자/닻 올리고 키를 단단히 잡을 거야.'는 구절이 이 시편의 핵심이다. 심중 결단의 대미를 드러내는 시구다. 속상하고 아쉽지만 굽히지 않는 투지, '다시 시작하는' 것이니 포기가 아니다. 좌절이 아니다. 시적 화자는 심신을 추슬러 다시 시어를 찾아내어 자판기를 두드리고, 다시 시의 방향을 설정하여 써 가기로 다짐하길 반복한다. 마지막 연에 나오는 '다시 시작하는 거야'는 삶을 되돌아보고 다시 시작하려는 마음가짐을 썼고, 시를 되돌아보고 다시 시작한다는 마음가짐을 쓴 중의를 담고 있다. 이렇듯 '다시 시작'한다는 시구는 한 인간의 심신과 삶을 일신시키는 마법의 효력을 갖는다. 시구 한 구절로, 말 한마디로, 삶의 변화를 만드는 경이로운 전율의 시구, 전율의 어휘이다.

이 '다시 시작' 한다는 마음이 있어야만, 「인생 항로3」에서 '바다에서 자란 연어가/산란하기 위해서 고향을 찾아/필사적으로 물살을 거슬러 오르다가/여울목 폭포와 사투를 벌이는' 힘을 얻게 된다. 죽기 살기로 싸운다는 '사투'란 의미는 한 가정에서나 사회에서나 긴히 통용되는 긴요한 덕목 중 하나다. 그러나 슬픈 일이다. 왜 인간 세계에 평화와 애정이 고갈되어 가고 오로지 이기利己만이 선善이 되어야 하는 걸까. 거기다가 시인은 '음흉한 사냥꾼도 따돌려야' 한다. 그러나 세상살이에 어리숙한 시인이 '음흉한 사냥꾼'을 이겨낼 방도는 없다. 시인이 '음흉한 사냥꾼'을 따돌리는 일은 영원히 못 한다.

'시'라는 가상의 영역을 차지하고 살아가는 무기력한 시인들이 어떻게, 무슨 수로, '음흉한 사냥꾼' 들을 따돌린단 말인가. 싸워야만, 이겨내야만, 사냥꾼을 따돌려야 살아남는 약육강식의 정글 논리가 인간성을 황폐화해 갈 때 시는, 시인은 이를 정화 시킨다. 삶에서 시인 홀로 상처 입고 처절하게 도태되는 한이 있어도 시인은 시로 항거하고, 시로 싸우며, 시로 말하고, 시로 선언하며, 시로 투쟁하길 멈추지 않는다. 왜 그런가. 시인은 순전한 영혼을 갈무리하여 이 땅과 하늘의 순전한 영혼을 사모하는 영혼을 지키는 파수꾼이기 때문이다. 이것이 '파닥거리는 송사리 떼처럼/좌충우돌하는 사고思考일지라도/영혼 깊숙이 잠자고 있는/사고思考 의 끈 풀어 /시 한편 건질 수 있다면?'(「독백4」 일부) 한 편의 시에 목숨 거는 시인, 우제봉의 삶과 시인의 여생에 대한 독백이다.

## 5. 결어

윗글에서, '시인은 시로써 자기의 시간을 만들어야 한다. 시인은 자기의 시간을 만들어야 한다. 시인은 시간을 만들어야 한다. 시인은 시로써 자기의 시간을 만들 때만이 시인으로 산다.'는 말을 썼다. '무료함'이 전신을 울리는 날, 시간을 시간으로 만들어 내지 못하는 열망을 우제봉은 '감당하기 어렵게 브레이크를 빠져나가/방황하는 영혼'으로 보았다. 시인의 일생, 삶의 일생을 회한 가득한 눈길로 쓰다듬어 보는 것이다.

>오늘은 이유 없는 무료無聊함이
>시나브로 무너져 산으로 쌓일 때
>텅 비어가는 가슴 잡고
>커피로 달래 보지만
>아무것도 손에 잡히는 것이 없구나
>
>커피잔이 비워지면 비워질수록
>썰물 빠져나가듯
>그 잘난 영혼 밑바닥에 고인
>찌꺼기마저 모두 빠져나가 허전함만이
>비워져 가는 커피잔을 채우는 구나

정신 가다듬고
창백해지는 가슴 추스르는데
점점 공허空虛해지는 허탈함
부질없이 홀짝홀짝 커피잔은 줄어들고

비워져 가는 커피잔 채워지는 것은
점점 무너지는 촉감
흘러가는 시간
감당키 어렵게 브레이크를 빠져나가
방황하는 영혼뿐일까

-「나의 벗 커피잔」 전문

회한으로 얼룩진, 「나의 벗 커피잔」은 우제봉의 시편인, '고백'의 또 다른 '고백'이다. '영혼 밑바닥에 고인' 침전물을 만나면서 '모두 빠져나간 허전함만'이 커피잔을 채우는 것을 목격한다. 지상에 홀로 남아서, '커피'를 마시는 유일한 벗인 '커피잔'을 거명한다. 그간 시인의 길은 녹록하지 않았다. 일찍이 무오년(1978년) 예산문학회 창립 동인으로 문단에 발을 들여놓은 이래, 경진년(2000년), 지구문학으로 등단한다.

등단 이후, 「숲속의 침실」, 「생명의 신비」, 「가을 은행잎」, 「봄이 오는 길목」을 펴냈다. 중등학교 교장을 정년

한 이후, 본격 문학에 접어들었으나 농사일과 시작詩作을 병행하기란 쉬운 일이 아니다. 비교적 과작寡作인 시작에 대하여 강산이 아홉 번 바뀐 시점인, 오늘날에 이르러 다시금 제5 시집인, 「인생 항로」를 펴내면서, 늘 해오던 대로 '영혼 깊숙이 잠자고 있는/사고思考의 끈 풀어 /시 한 편 건질 수 있다면?'이라면서 일생을 걸쳐 추구해 온 부단한 시 창작의 염원을 갈망한다.

시어가 내포하는 내피와 외연이 어찌 간단하랴. 시를 쓰는 시인의 일생을 살아오면서 이제는 저자가 서문에 밝힌 바대로, 이 시집이 우제봉 시인의 '마지막' 시 창작집이란 걸 예감한다. 머잖아 미구에 영원 속으로 육신이 돌아가실 거란 이야기다. 필자 역시 항상 옆에서 동고동락해 온 한 지역의 예산문학회 소속된 처지에서 왜 눈물이 샘솟지 않으랴. 눈물 흘리길 반복하며 청암 우제봉 시인이 일평생 겸허하게 걸어 온 교육자와 시인으로서 걸어온 '길에 관한 영혼의 관조'가 건강하게 빛을 더하여 향후 제6 시집, 제7 시집으로 이어지길 간절히 염원하면서 다시 흐르는 눈물을 씻는다.